경남대표시인선 60

겡상도 토박이말로 읊조리는 단시조 100선

천지삐까리

김복근

단시조집

돌출판 경남

김복근

Kim Bok-geun

—

물고매

섯자로된
고매의 표준어는 물고매

오답으로 처리한 장학퀴즈는 지역차별

물고매
누가 뭐라캐도 경상도 표준어다

토박이말로 시조 읊조리기

국립 국어사전 박물관 건립을 추진하고 있다. 남저 이우식 선생, 고루 이극로 선생, 한뫼 안호상 선생을 비롯하여 조선어학회 문화 독립운동가 33인의 얼을 기리고, 우리말과 우리글을 제대로 전승하기 위한 작업이다. 이 일을 추진하면서 글쓴이는 아름다운 우리말과 우리글이 소멸해 가는 아픔을 체감한다.

문자는 말을 표기하는 수단이다. 따라서 시조도 말이 우선이고, 문자는 말에만 의존했을 때의 한계를 보완해 주는 의사소통의 다른 수단이다.

같은 의미로 사용하는 사투리나 방언을 두고, 표준

어보다 격이 낮은 말로 치부하는 경우를 본다. 그러나 들여다보면 이처럼 다정하고 친근한 말이 따로 없다. 글쓴이는 오래전부터 우리가 사는 지역의 말을 토박이말이나 겡상도 표준어라고 격을 높여 불렀다.

표준어 제정은 대일항쟁기 고루 이극로 선생이 평안도를 여행하면서 '댕가지장(고추장)'이라고 하는 말을 알아듣지 못한 일화와 깊은 연관이 있다.

조선어사전을 편찬하면서 서울말을 표준어로 채택하다 보니, 겡상도 말, 전라도 말, 충청도 말, 강원도 말, 제주도 말은 속되거나 촌사람이 하는 말로 무시당하거나 외면당하게 됐다. 그러나 가족끼리 하는 말이나 문학작품을 쓸 때는 토박이말을 사용하여 친밀감과 지역어의 자존감을 살리고 있음을 본다. 외국에서 사는 동포들이 사회활동을 할 때는 자신이 거주하는 지역어를 사용하지만, 집에 돌아오면 가족과 함께 한국어를 사용하는 것과 같은 이치이다.

2,500여 년 전 노자는 《도덕경》 70장에서 언유종言有宗 사유군事由君이라는 말을 남겼다. "말에는 종지가 있고, 일에는 중심이 있다."는 말에는 말의 진의가 있고 일에는 일의 근본이 있는데, 세상 사람들이 말을 듣고 그 뜻을 헤아리지 못하니 안타깝다는 것이다. 진

리는 멀리 있지 않고 어렵지도 않다. 다만 사람들이 제대로 알아듣지 못하거나 이해하지 못하기 때문에 어렵다는 것이다.

늦은 감이 없지 않지만, 지금이라도 사라져 가는 우리말의 종지宗旨를 되찾아 바르게 사용했으면 좋겠다. 겡상도 말로 읊조리는 단시조 100선은 사라져 가는 우리 토박이말을 되살렸으면 하는 바람을 안고 시도하는 작업이다.

이 시조집은 몇 가지 특징을 갖고 있다.

첫째, 겡상도 토박이말을 살리기 위해 애를 썼다. 우리 지역어는 경주어 이전에 가야어였다. 기억 속에 숨어 있는 말을 찾아내는 것은 말할 것 없고, 사전을 뒤적이거나 주변 사람들에게 잊힌 말을 물어보기도 했다. 이해를 돕기 위해 겡상도 말을 앞에 쓰고 표준어로 주석을 달았다. 시조를 읊조리면서 겡상도 말로 된 시조를 표준어로 바꾸어 보는 작업도 꽤 재미있을 것 같다.

둘째, 띄어쓰기는 《노산시조집》(1932)처럼 말할 때의 관습과 글쓴이의 호흡률에 따라 표기했다. 시조의 뿌리는 음악성에 있다. 현대시의 영향을 받아 회화성이 강조되면서 시조 고유의 색깔이 옅어지게 됐다. 이

6

를 되살리기 위해 운율에 맞게 띄어 읽기를 하면서 절
주節奏를 살리기 위해 애썼다.

셋째, 구어체로 쓴 시조가 많아 눈으로 읽기보다 입
으로 소리 내어 읊조려야 제맛을 살릴 수 있다. 말할
때는 문장부호를 사용하지 않기 때문에 의도적으로
생략했다.

넷째, 대일항쟁기, 일제의 시조와 조선어 말살 정책
에도 우리말 우리글 우리 얼을 꿋꿋하게 지켜온 문화
독립운동가들의 옥중 시조를 보면서 경외의 마음을
갖게 된다. 시조를 함부로 해서는 안 되는 까닭이다.

다섯째, 인공 지능 시대 챗GPT와 차별화되는 시조
를 쓰려고 하면 토박이말 사용이 유효할 것으로 예견
된다. AI 시詩에 대응하고, 사라져 가는 우리말을 살
리기 위해 보다 적극적인 대응이 요청된다.

문학평론가이며 동양 고전 연구의 대가이신 한양대
명예교수 윤재근 선생님께서 아흔셋의 연치에도 불구
하고 과분한 발문을 주셨다. 경남 방언 연구의 권위자
이신 경남대 명예교수 김정내 선생님께서 토박이말을
고증하고 해설해 주셨다. 도서출판 경남의 오하룡 대
표님과 오태민 실장, 편집팀이 까다로운 작업을 원만
하게 해 주셨다. 여러 선생님의 도움으로 이 작은 시

조집이 빛을 보게 된다. 고개 숙여 감사의 말씀을 올린다.

　별것이 아닌 것을 별것이 되게 하고자 하는 글쓴이의 숨은 의도가 마중물이 되어 골짝 사투리인 토박이말을 살리고 시조에 함의된 흥과 음악성을 살리는 계기가 되기를 기대한다.

2025년 6월

수하 김복근

단시조집 100선 《천지삐까리》가 토박이말 사용의 동기가 되어 지역 사람의 눈길을 끌고 마음을 잡아 언어에 대한 자존감을 되살리는 계기가 되는 것 같다. 관심을 보여준 동료 문인과 힘을 더해준 독자들께 감사드린다. 과한 표준어 정책으로 위축된 지역어에 힘을 더하고 북을 돋워 우리말과 우리글이 좀 더 풍요로 워졌으면 좋겠다.

부분적으로 고치고 기워 새로 펴낸다. 언어의 다양성을 추구하면서 지역 문학 진흥과 토박이말 시조에 대한 꿈을 꾼다. 찬사와 함께 잘못을 가르쳐 주신 분들이 계셔서 힘을 내게 된다.

2025년 11월

수하 김복근

차
례

1장 눈티가 반티 됐네

10

2장 박상 틔우는 이바구꽃

3장 오늘이 무신날인지 아능기요

4장 선머스마 마실가듯

5장 고마해라 안쿠나 '쫌'

1장

눈티가 반티 됐네

달관

허둥대지 말거라 눈꿈뻑하모 지나간다

살다보모 다알끼다 한쪽귀로 흘리삐라

아부지 나이쯤되모 절로알게 될끼다

- 눈꿈뻑하모: 눈 끔뻑하면
- 보모: 보면
- 알끼다: 알 게다. 알 것이다.
- 흘리삐라: 흘려버려라.
- 아부지: 아버지
- 나이쯤되모: 나이쯤 되면

16

사랑

보지않아도 다비인다

감고보모 더잘비인다

봐도 안비일때있고 안봐도 비일때있다

마음에

들어있으모 안봐도 다비인다

- 다비인다: 다 보인다.
- 감고보모: 감고 보면
- 더잘비인다: 더 잘 보인다.
- 안비일때고: 안 보일 때 있고
- 비일때있다: 보일 때 있다.
- 들어있으모: 들어 있으면

가시버시

내가 좋다쿠모 니도 좋다캤다아이가

살다보모 눈빛만봐도 알게 되는기라

서로를 끌어땡기모 마음이 통하는기라

- 니: 너
- 좋다쿠모: 좋다고 하면
- 좋다캤다아이가: 좋다고 했잖아. 좋다고 했잖니.
- 살다보모: 살다 보면
- 되는기라: 되는 거야.
- 땡기모: 당기면
- 통하는기라: 통하는 거야.

상 생

물은 물을모아 물이되어 흘러간다
불은 불을모아 불이되어 타오른다

물과불 마음을모아 사랑으로 익어간다

신윤복의 미인도

고가스나 가는눈썹 차암해 비이네

앳딘얼골 뽀오야니 트레머리 올려놓고

동그란 입소구리에 주사朱砂를 물렸구나

- 가스나: 여자아이'를 낮잡아 이르거나 정겹게 이르는 말. 여자를 뜻하는 '갓'과 '아이'가 결합한 복합 구성의 낱말(백두현, 2020)
- 차암해: 참해
- 비이네: 보이네.
- 앳딘: 앳된
- 얼골: 얼굴
- 입소구리: 입술

니캉내캉

구름이 몰리가다 비바람에 흩날리듯

냇물이 흘러가다 바다에 몰리들듯

보내고 그리는정은 비이지않는 끄내끼

- 니캉내캉: 너랑 나랑
- 몰리가다: 몰려가다
- 비이지않는: 보이지 않는
- 끄내끼: 끈

난리버꾸

정월이라 대보름 휘영청 밝은달에

풍물굿 매구소리 얼씨구 상사디야

집돌금 지신지신울려라 절씨구나 버꾸재비

- 난리버꾸: 난리굿
- 풍물굿: 풍물놀이
- 매구: 꽹과리
- 집돌금: 집돌림. 의령군 화정면 명주마을 전통 농악 놀이
- 지신지신地神地神: 땅을 다스리는 신의 첩어
- 버꾸재비: 버꾸잡이. 버꾸를 치는 사람

유리벽

창안에 사람있고 창밖에도 사람있다

없는드키 비이지만 유리가 벽이되어

바닥만 보고댕기모 부딪칠까 상그랍다

- 없는드키: 없는 듯이
- 비이지만: 보이지만
- 댕기모: 다니면
- 상그랍다: 위태롭다.

아닌 밤중에

니 낯짝이 와그렇노

눈티가 반티됐네

말도마라 개골창에 꼬라박았다 아이가

아이고

우짜모좋노 깨구리 깨창났네

- 니: 너
- 와그렇노: 왜 그렇니?
- 눈티가 반티됐네: 눈두덩이 퉁퉁 부은 모습을 이르는 말. '눈티'는 '눈퉁이', '반티'는 '함지'를 말한다.
- 개골창: 개울
- 꼬라박았다 아이가: 꼬라박았잖아. 꼬라박았잖니.
- 우짜모 좋노: 어떻게 하면 좋으냐.
- 깨구리 깨창났네: 배가 터져 죽은 개구리 꼴이 되었네.

오독

꽃이피자 청맹과니도 아파 우는걸
꼬집히자 청맹과니도 아파 우는걸

시인은 꽃이피자로 작가는 꼬집히자로

농 담

농담은 농담따라 농담이 달라지는기라

사랑한다 말해놓고 농담이라 말하모

사랑은 사랑이아이라 척隻지는 독毒이 되는기라

- 달라지는기라: 달라지는 것이라
- 말하모: 말하면
- 사랑이아이라: 사랑이 아니라
- 되는기라: 되는 거야.

사달 났다

시상에 우짤라꼬 해도해도 너무하제

날은 덥고

불은 나고

물가는 올라가고

엎친데 덮친격으로 옘병은 유행하고

- 시상: 세상
- 우짤라꼬: 어떻게 하려고
- 너무하제: 너무하지
- 옘병: 염병. 코로나19

농단 壟斷

괌을 버럭 질러보모 별똥별이 떨어질까

호작질로 뜻을이룬 싸가지 없는사람

미리내 먼하늘보며 두손짝을 비비댄다

- 농단: 맹자孟子의 공손추장구公孫丑章句에 나오는 말. 좋은 자리
  에 앉아 이익이나 권력을 독차지함.
- 괌: 고함
- 질러보모: 질러 보면
- 호작질: 손장난
- 싸가지: 싹수
- 미리내: 은하수
- 두손짝: 두 손바닥
- 비비댄다: 비벼 댄다.

방충망

벌게이 들어올까 방충망을 내걸었다

바람만 지나가게 통행을 제한했다

내집에 오려는손님 내가막은 꼴이 됐다

● 벌게이: 벌레

나이 들자 뿔이 돋았다

사향노루 수컷마냥 막힌곳을 뚫어내어

켜로쌓인 절제는 뿔이되어 돋아났다

굳어진 살점저미어 불가청음 울음운다

- 뚫어내어: 뚫어 내어

수작

지난날 돌아보모 얼띠기로 살았다네

이룬것이 없으니 남길것이 있겠는가

이보게 좋은날잡아 막걸리나 한잔하세

- 돌아보모: 돌아보면
- 얼띠기: 얼뜨기, 겁이 많고 어리석으며 다부지지 못하여 어리숙하고 얼빠져 보이는 사람

오래된 가역 현상

잠이 보약이라는 옛말을 믿게됐네

어무이 품안에서 짚이잔 다음날

내몸에 생긴저항력 묵은고뿔 떨어졌네

- 어무이: 어머니
- 짚이잔: 깊이 잔

'다부'라는 말

온화하고 따뜻한말 정감이 담겨있는말

다부 갖다두라는 어무이 말씀처럼

이적지 들어보지못한말 저 정다운 말한마디

- 다부: 도로. 다시
- 어무이: 어머니
- 이적지: 여태껏

청딱따구리

참삶을 살고싶어 참나무에 둥지틀고

연두삥 언미복에 문찌방을 넘나들다

딱

딱

딱

주디이쪼며 목탁이된 나무괴기

- 연두삥: 연둣빛
- 문찌방: 문지방
- 주디이쪼며: 주둥이 쪼며
- 나무괴기: 나무 고기〔木魚〕

떠난 이의 전화번호

마주보며 웃고울던 그대모습 떠올라

삼삼이는 그 이름 전화번호 그냥둔다

눈앞에 얼른거리서 차마 지우지못한다

● 얼른거리서: 어른거려서

2
장

박상 틔우는 이바구꽃

모메꽃

나서지 않으리라
나대지 않으리라

배고픈 지난살이 가만가만 새기리라

다가올
새날새복녁 동살이나 잡으리라

- 모메꽃: 메꽃
- 지난살이: 지나간 삶
- 새복녁: 새벽녘

천지삐까리

숲속의 나무들이 가마이 서있는거겉제

그속에 들어가보모 온갖말이 다떠돈다

잎사구 주디이열고 박상틔우는 이바구꽃

- 천지삐까리: 매우 많음. 하늘과 땅(天地)에 볏가리가 가득함. 어떤 대상이 너무 많아서 세상을 가득 채운 듯한 상황을 비유적으로 이르는 말
- 가마이: 가만히
- 겉제: 같지?
- 들어가보모: 들어가 보면
- 잎사구: 잎사귀
- 주디이: 주둥이. 입
- 박상: 튀밥
- 이바구: 이야기

민들레 홀씨

내사마 혼자라서 훨훨 날아봤지예

해가 질라쿨때 질가에 내리앉아

새롭운 살터찾아서 실눈을 떠봤어예

- 내사마: 나야 뭐
- 봤지예: 봤지요.
- 질라쿨때: 지려고 할 때
- 질가: 길가
- 새롭운: 새로운
- 살터찾아서: 삶터 찾아서
- 떠봤어예: 떠 봤어요.

하얀 찔네꼿

가찹기 다가가모 가시에 찔린다이
찔네순 예빈얼골 파리하게 흔들리며
더이상 예빌수없다 지그리는 눈짓이다

- 찔네꼿: 찔레꽃
- 가찹기: 가깝게
- 다가가모: 다가가면
- 찔린다이: 찔린다.
- 찔네순: 찔레순
- 예빈얼골: 여윈 얼굴
- 예빌: 여윌
- 지그리는: 잠그지 않고 지긋이 닫아 두는

산호천

꼬마리 창포피어 물이 맑은 산호천

짤래비 맴을돌다 지얼골 비차보고

고니가 날아오는날 물오리는 헤엄친다

- 꼬마리: 고마리
- 짤래비: 잠자리
- 지얼골: 제 얼굴
- 비차보고: 비추어 보고

밤시이

가시달린 갈색몸매 배부른 여인이다
뙤약볕 질게내려 난만해진 가슴이다

항그슥 기가모여서 절로 터진 해탈보늬

- 밤시이: 밤송이
- 질게: 길게
- 항그슥: 한가득
- 기가모여서: 기氣가 모여서

저녁답

가만있는 산이좋아 산길따라 걸어본다

산이맹근 산그리메 물끄러미 바라보며

산속에 숨어피는꽃 초승달 뜨는시간

● 저녁답: 저녁 무렵
● 맹근: 만든
● 산그리메: '산그림자'의 옛말

월출

산우에 달이뜨자 어깨가 가벼웠다
촘촘하게 선을끄어 마음이 밝아왔다

저 거친 삶의노정을 필사하는 순간동작

- 우에: 위에
- 끄어: 그어

별

그리움은 사라져야 사무치게 아름답다

밀물따라 썰물따라 돌고도는 어둠길

물의심 불의심으로 그림자는 자취도없네

● 심: 힘

다시, 남강

풀물배인 언덕빼기 먼구름 하염없다
품안에 산그리메 담채화를 그리면서

무린듯 단단한몸짓 젖어흐르는 저 고요

- 배인: 밴
- 언덕빼기: 언덕배기
- 산그리메: '산그림자'의 옛말
- 무린듯: 무른 듯

거름강

울다애린 마음이 감정곡선 그리듯이

소금보다 슬픈물결 뒤섞여 흐르다가

흔들며 자정하는강 물의말 읊조린다

- 애린: 아린
- 거름강: 남강과 낙동강이 만나는 지점의 강

아, 마침내

곰솔빛 햇살내려 고요하고 고요하다

건듯부는 가실바람 갈방잎 손을놓듯

마지막 빗장을풀고 숨소리도 쪼라든다

- 가실: 가을
- 갈방잎: 가랑잎
- 쪼라든다: 잦아든다.

물풀

비내려 거센물살 온몸으로 버텨냈다

휩쓸려 휘둘리며 곡소리 들음시로

다시금 일어서리라 쓰러져 어만숨질

● 들음시로: 들으면서
● 어만숨질: 애먼 숨결

날마다 새날

가실국화 찬서리에 하늘이 문을연다

시상에 꽃이핀다 꽃으로 뒤덮인다

어딘가 들려오는노래 밝은햇살 몰려든다

● 가실: 가을
● 시상에: 세상에

꽃무릇

예빈몸 목을빼고 실눈을 뜨는구나

가실볕 햇살속에 화관이 무겁어라

슬픔이 배어드는얼골 임마음 어지럽다

- 예빈몸: 여윈 몸
- 가실볕: 가을볕
- 무겁어라: 무거워라.
- 배어드는얼골: 배어드는 얼굴

단풍

무시가 바람들듯 저 아낙 사달났다

가실이 익어가모 단풍이 드는기라

온몸이 활활타올라 북새통이 되는기라

- 무시: 무
- 익어가모: 익어 가면
- 드는기라: 드는 거야.
- 되는기라: 되는 거야.

상강 홍시

가실바람 무서리에 익어가는 다홍빛은

먹구름 우렛소리 어기찬 숨결이다

지친몸 고요를안고 투명해진 속살이다

● 가실바람: 가을바람

동지

그리움을 품에 안은 뒤태고운 아지매

촉촉이 젖은손길 소리없이 스며들어

어둠이 그려낸새날 산그리메 죽지펴네

- 아지매: 아주머니
- 그려낸새날: 그려 낸 새날
- 산그리메: '산그림자'의 옛말

겨울나무

초겨울에 목마르모 고개를 질게빼고

먼노을 바라보며 수행하듯 서있다가

단풍잎 재갈을물려 묵언정진 합장하네

- 목마르모: 목 마르면
- 질게: 길게
- 재갈을물려: 재갈을 물려

나목

소슬바람 서걱이는 늦가을 숲속에서

썩어 자양이되는 공양꿈을 꾸면서

이파리 버리는순간 부처님이 되는나무

- 공양꿈: 공양 꿈
- 버리는순간: 버리는 순간

3장

오늘이 무신 날인지 아능기요

물고매

석자로된

고매의 표준어는 물고매

오답으로 처리한 장학퀴즈는 지역차별

물고매

누가뭐라캐도 겡상도 표준어다

- 고매(고오매): 고구마
- 물고매: 물고구마
- 뭐라캐도: 뭐라고 해도
- 겡상도: 경상도

물국시

뜨건물에 삶은국시 찬물에 쐬어내어
메르치 다시물에 파쫑쫑 고명얹어
젓가치 휘휘저으며 후루룩 무우봐라

- 물국시: 물국수
- 쐬어내어: 씻어 내어
- 메르치: 멸치
- 젓가치: 젓가락
- 무우봐라: 먹어 봐라.

산딸기

마치맞게 익었네 한개 따무봐라
비를맞아 그런지 쪼매이 싱겁네예

남개새 숨은산딸기 새빨개진 산딸기

- 마치맞게: 알맞게
- 따무봐라: 따 먹어 봐라.
- 쪼매이: 조금
- 남개새: 나무 사이

생일 밥상

어무이요 오늘이 무신날인지 아능기요

그것도 모르까이 내 귀빠진날 아이가

울오매 또렷한말씀 활짝핀 모자母子웃음

- 어무이: 어머니
- 무신날: 무슨 날
- 아능기요: 아는가요. 아십니까.
- 모르까이: 모르겠느냐.
- 귀빠진날 아이가: 귀빠진 날이잖아.
- 울오매: 우리 어머니

서언나꼽재기

자린고비 딘장빨듯 보릿고개 넘감시로
모뜩찮아 불쑥나온 배고픔은 슬픈설움

빈창시 눈을흘기며 얕보이는 저 먹거리

- 서언나꼽재기: 먹을 것이 적은 것을 보고 얕보듯이 하는 말.
  '서언나'는 '서너 낱', '꼽재기'는 '아주 보잘깃없고 작은 사물'을
  말함.(김정대, 2025)
- 딘장: 된장
- 넘감시로: 넘기면서
- 모뜩찮은: 마뜩잖은
- 빈창시: 빈창자

새우튀김

후라이팬 탁탁치며 지글지글 맴돌다가

퍼뜩 디비라안쿠요
단디쫌 하라쿤깨네

마누라 노랑지청구 매단없이 굽은허리

- 디비라: 뒤집어라.
- 단디쫌: 조심해서 제대로 쫌
- 하라쿤깨네: 하라고 하니까는
- 매단없이: 엉망이게. 대책 없이

설빙雪氷

이거함 무우봐라 맛이기가 맥힌다

거짓말하고 싸대기 맞는것보다 훨씬낫다

한줄기 복날의바람 온몸이 다써언타

- 이거함: 이섯 한번
- 무우봐라: 먹어 봐라.
- 맛이기가: 맛이 기가
- 맥힌다: 막힌다.
- 싸대기: 귀싸대기
- 써언타: 시원하다.

번개시장

제자는 남새밭 푸성귀가 가득하다

흙내미 물의산물 온몸을 드러내어

새벽장 한바꾸하모 푸짐해지는 아침밥상

- 제자: 저자(市)
- 흙내미: 흙냄새
- 물의산물: 물의 산물
- 한바꾸하모: 한 바퀴 하면

꽃보다 초록 이파리

꽃병에 꽃이아닌 망개잎 망개열매

시드는 꽃과달리 푸른내미 그윽하다

맨재지 밥상머리에 따신입맛 동그랗다

- 망개: 청미래덩굴
- 내미: 냄새
- 맨재지: 하얀 쌀밥
- 따신입맛: 더운 입맛

늙은 호박

우구리 맹글라꼬 늙은호박 갈라본다

나이든 굴피처럼 따글따글 소리난다

칼날을 전자봄시로 자해하는 몸짓이다

● 우구리: 말랭이. 얇게 썰어 말린 것
● 맹글라꼬: 만들려고
● 전자봄시로: 겨누어 보면서

알라 말

내가처음 배운말은
엄마일까 맘마일까

그리움과 두려움이
두디기에 쌓임시로

나홀로 울어야하는
알수없는 저 공포

- 알라: 어린아이
- 두디기: 포대기
- 쌓임시로: 쌓이면서

달과 생쥐

사월초삼날 태어난 시인이 있었어요

마음을 살찌우려 무장무장 글을쓰다가

휘영청 밝은보름달 생쥐처럼 갉아먹더래요

● 초삼날: 초사흗날

반주깨미

니는옴마 나는아부지 우리는 오순도순

땅갑지 그륵삼아 반주깨미 살았는데

아득히 지나간삶을 돌아보며 살아가는

- 반주깨미: 소꿉놀이
- 니: 너
- 옴마: 엄마, 어머니
- 아부지: 아버지
- 땅갑지: 조개껍데기
- 그륵삼아: 그릇 삼아

내가 나에게 하는 말

쥐뿔없는 삶이지만 깔롱지게 살아봐라
볼멘소리 하지말고 하늘보며 웃어봐라

꼬리에 꼬리를무는 저 강물을 바라보며

● 쥐뿔: 작고 보잘것없는 것
● 깔롱지게: 멋있게. 본뜻은 '간능을 부리게'

초로草露

해뜨모 소리없이 사라지는 이슬처럼
한마디 말도없이 그대어이 떠나는가

헤어져 멀어져가며 종종이는 니뒤태

● 해뜨모: 해 뜨면
● 니뒤태: 너의 뒷모습

초로初老·1

꼬인실 풀어내듯 오불조불 살다보모

몸으로 울던산이 강물로 흐를끼다

모티이 돌아갈즈음 솔바람이 불어올끼다

- 오불조불: 통이 크지 못하고 작은 모양
- 흐를끼다: 흐를 것이다.
- 모티이: 모퉁이
- 불어올끼다: 불어올 것이다.

초로初老·2

강모티 갈꽃같이 겨울비가 흩날리다
수구린 산먼댕이 저녁노을 얼비추모

무다이 눈물이나네 나도 나를 무웄이까

- 강모디: 깅 모퉁이
- 수구린: 수그린
- 먼댕이: 꼭대기
- 무다이: 무단히, 공연히
- 나를: 나이를
- 무웄이까: 먹었을까.

봄밤

꽃은 꽃을 피우기위해 봄밤을 지새는데

나는 나의 무엇을위해 잠들지 못하는가

가뭇한 어둠을보며 멀미하듯 꽃이 진다

● 지새는데: 지새우는데

인생·1

고개너머 또고개 소쩍새 울던고개

너더렁 길을걷다 강을건너 또고개

깔딱길 너머능선길 굽이도는 열두고개

- 울던고개: 울던 고개
- 또고개: 또 고개
- 너더렁: 너덜겅
- 깔딱길: 비탈길
- 열두고개: 열두 고개

인생·2

지금까지 살아온기 버꿈같이 허무하다

운제까지 살게될지 전설처럼 느끼진다

우짜다 고매뻬때기 메마르게 살아간다

- 살아온기: 살아온 게, 살아온 것이
- 버꿈: 거품
- 운제: 언제
- 느끼진다: 느껴진다.
- 우짜다: 어쩌다
- 고매뻬때기: 얇게 썰어서 볕에 말린 고구마

4
장

선머스마 마실가듯

수하리 겨울

긴겨울 잠을자다 새봄의 꿈을꾼다
찬바람에 정신이든 내고향 오랜매화

실뿌리 길게내리며 걸쭉하게 물오르네

백 비

해저문 산먼대이 외로이 지켜섰다

개똥벌레 불밝히며 돌꽃으로 피어나듯

말없이 말을전하며 그 더욱 빛이나는

- 산먼대이: 산꼭대기
- 말을전하며: 말을 전하며
- 빛이나는: 빛이 나는

벼리모티

강파른 벼리모티 잇아삔 이름우로

선머스마 마실가듯 슬쩍나선 나들이

대림질 부자설레길 옛기역을 볿고간다

- 벼리모티: 절벽 모퉁이. 경남 의령 화정면의 장배기(장박) 마을에서 고무실(공모) 마을로 가는 벼랑길
- 잇아삔: 잊어버린
- 우로: 위로
- 선머스마: 선머슴
- 대림질: 다림질, 다리미질
- 옛기역: 옛 기억
- 볿고: 밟고

징조할매

비나이다 비나이다 조왕님전 비나이다
우리손자 무병장수 두손모아 비나이다

정화수 맑은물보며 기도하는 계관시인

● 징조할매: 증조 할머니
● 조왕님: 부뚜막신. 부엌신

짠한 마음

고향에 가보모 맴이말키 빈것겉심더

쎄까래는 썩어삐고 기둥은 자빠지고

용마리 걷어낸자리 채마밭이 돼삤심더

- 가보모: 가 보면
- 맴이: 마음이
- 말키: 모두
- 겉심더: 같습니다.
- 쎄까래: 서까래
- 썩어삐고: 썩어 버리고
- 용마리: 용마루
- 돼삤심더: 되어 버렸습니다.

고향 마을

알라 울음소리 들어본지 오래됐다

나배기 노인들이 장수촌을 자랑하는

돋을볕 겨운사랑에 당산나무 말이없다

- 알라: 어린아이
- 나배기: 보기보다 나이가 많은 사람
- 겨운사랑에: 겨운 사랑에. 정도가 지나쳐 배겨 내기 어렵다는 뜻

시어무이가 며느리에게 하는 말

제사상은 높게 싸야 자손이 높게 된다

과일떡 높게쌓고 찌지미도 마이쌓아라

밤대추 말키올리서 정성껏 모셔야한대이

- 시어무이: 시어머니
- 싸야: 쌓아야
- 찌지미: 적. 부침개
- 마이: 많이
- 말키올리서: 모두 올려서
- 한대이: 한다.

제사

조상위해 절을하나 지를위해 절을하지

다 저거 좋을라꼬 절을 하는기라

명타고 복받을라꼬 연신절을 하는기라

- 지: 저. 자기
- 다 저거: 다 자기들
- 좋을라꼬: 좋으려고
- 받을라꼬: 받으려고

아구아재

우찌보모 문디이거치 얼빵해 비이제

매착없이 웃는것이 속없는 사람이라

애가단 우리어무이 단디하라 난리다

- 아구아재: 아귀 아저씨. 마산의 아저씨를 지칭할 때 사용하는 말
- 우찌보모: 어찌 보면, 어떻게 보면
- 문디이거치: 문둥이같이. 허물없이 지내는 친구를 정겹게 일 컫는 말
- 얼빵해: 어벙해
- 비이제: 보이지?
- 매착없이: 두서 없이
- 애가단: 애가 단
- 어무이: 엄마. 어머니
- 단디: 단단히

오랜 서답

사분내미 풍기면서 찌든때를 닦아내어

바람햇살 내리쬐며 깨반해진 몸과매음

저 독한 그리움찾아 포시랍게 춤을춘다

- 서답: 빨래
- 사분내미: 비누 냄새
- 깨반해진: 개운해진
- 매음: 마음
- 포시랍게: 포실하게

물사발

가스나 저기미쳤나

그래요 미쳤소

아이구 열불난다 속에서 천불난다

보골난

우리아부지 물사발을 홱떤지삣다

- 가스나: '여자아이'를 낮잡아 이르거나 정겹게 이르는 말
- 천불난다: 열기가 날 정도로 몹시 화가 난다.
- 보골난: 화가 난
- 아부지: 아버지
- 홱: 확
- 떤지삣다: 던져 버렸다.

자가 격리

어둠내린 겨울이다
길게드리운 장막이다

질화로 물이끓듯
오래된 가래소리

시비는
부질없어라
오글거리는 저 옘병

● 옘병: 염병. 전염병

전등사 범종

지난날 아픈상처 섬이되어 울고 있다

타오르듯 뜨건가슴 제어못한 곡비처럼

업경대 마주본얼골 썰물따라 흔들린다

- 제어못한: 제어 못한
- 업경대: 저승 입구에서 생전의 행실을 비춰 주는 거울
- 얼골: 얼굴

나부裸婦 사랑

큰시님 독경소리 참선의 불을 밝혀
벌거벗은 예편네 지붕을 떠받치고
고행길 면벽시름에 눈물이 그렁그렁

- 큰시님: 큰스님
- 예편네: 여편네

단성현감 사직소

산천재 덕천강에 탁족하던 남명선생

손바닥에 올린물로 발뜽을 닦음시로

단성소 목숨건진언嗔言 두류산 기개라네

- 올린물로: 올린 물로
- 발뜽: 발등
- 닦음시로: 닦으면서
- 진언嗔言·瞋言: 성내어 꾸짖는 말
- 두류산: 지리산

산천재

모리배 쎄놀림에 눈이먼 임금님은

서슬푸른 상소문에 어전탁자 외로앉아

깡말라 꼿꼿한붓대 절로떠는 사시나무

● 쎄놀림에: 혀 놀림에

옛날 주소

의령은 으릉이라 발음할때 의령답다
의령을 으릉이라 말하는이 간혹있다

으릉군 화정면 상이리 180 내고향집 옛주소다

● 으릉: 의령

부석에 군불을 넣다

속시린 내매음은 어석소 코뚜레다

안가슴 녹이려고 구들장을 데워놓고

성글게 부풀어올라 매캐해진 저녁연기

- 부석: 아궁이
- 매음: 마음
- 어석소: 중소가 될 만큼 자란 송아지
- 안가슴: 앙가슴(두 젖 사이의 가운데)
- 성글게: 거칠게

까닭

새들이 나는것은 자유를 즐기는기다

나무가 커는것은 평화가 자라는기다

아이를 기르는것은 미래를 꿈꾸는기다

- 즐기는기다: 즐기는 것이다.
- 자라는기다: 자라는 것이다.
- 꿈꾸는기다: 꿈꾸는 것이다.

가아가가아가

니 가아를 좋아하제
와 좋아하모 안되나

아이다 가아가가아다 좋아해도 괘않다

투박한
겡상도말법 줄이고 또줄여쓴다

- 가아가가아가: 그 아이가 그 아이냐.
- 와: 왜
- 좋아하모: 좋아하면
- 아이다: 아니다.
- 괘않다: 괜찮다.
- 겡상도말법: 경상도 어법

5
장

고
마
해
라
안
쿠
나
'쫌'

불립문자

말이 글을낳고 글로 말이많으니

마음은 마음으로 속내가만 헤아리며

깨달음 저 질을밝혀 염화미소 그윽하네

- 속내가만: 속내 가만
- 질을밝혀: 길을 밝혀

표준어 규정

댕가지장 뜻을몰라 표준어를 정했다

시詩에도 생활에도 서울말만 살아남고

토박이 정다운말은 하나둘 사라져갔다

- 댕가지장: '고추장'의 평안북도 토박이말
- 표준어 규정: 1933년 한글 맞춤법 통일안을 제정하면서 표준어 규정이 생겼다. 1989년 3월 1일 "표준어는 교양 있는 사람들이 두루 쓰는 현대 서울말로 정함을 원칙으로 한다."고 개정했다.

방풍림

회오리 막기위해 모래톱에 발을 딛고

가나다라 글을읽다 양반춤 흉내내다

저 멀리 바다를보며 시조한수 읊조리네

시조

시조를 좋아하여 시조로 거듭난다

이우지 널린시조 맑은날 거풍하여

빼다지 보쟁인시조 간가이 풀어낸다

- 이우지: 이웃에
- 널린시조: 널린 시조
- 빼다지: 서랍
- 보쟁인: 남몰래 만나 은밀한 관계를 맺은
- 간가이: 간간이. 사이사이

《묵묵옹집》 안고 사당을 찾아가다

묵묵옹 할배시집 우리글로 펴내었다

기꺼운 마음으로 청도함양 으릉간다

냇물에 탁영공할배 붉은피가 흐르고 있다

- 묵묵옹: 조부 김기호 지사의 호
- 할배: 할아버지
- 청도: 탁영 김일손 선생의 위패를 모신 자계서원과 삼족당 김대유 선생과 관련된 삼족대가 있다.
- 함양: 탁영 김일손 선생의 위패를 모신 청계서원이 있다.
- 으릉: 의령, 묵묵옹 김기호 지사의 묘와 묘비가 있다.
- 탁영공할배: 탁영공 할배. 삼현파조 김일손 할아버지의 호
- 붉은피: 자계서원紫溪書院은 탁영 김일손 선생의 학문과 덕행을 기리기 위해 지은 서원으로 경북 청도에 있다. '자계'는 연산군 4년(1498) 무오사화로 선생이 화를 입자 서원 앞의 냇물이 3일 동안 붉게 변한 데서 유래한다.

에나

실눈뜨고 바라보니 아내는 꽃이되고

군입을 다셨더니 강냉이 익어가고

코한번 훌쩍였더니 가실비가 쏟아지네

- 에나: 진짜
- 가실비: 가을비

내비게이션

겡상도 할배넷이 돌아가며 말을한다
겁외사를 급외사로 엄혜산을 음혜산으로

용을써 말을해봐도 몬알아듣는 저 물건

- ● 겡상도: 경상도
- ● 몬알아듣는: 못 알아듣는

문디이

야 이 문디이야
오데서 부리는소리

뒤돌아 마주보다 두손잡고 폴짝뛴다

문디야
부리는 저 말은 가찹다는 겡상도말

- 문디이: '문둥이'의 방언. 가깝고 반가운 사이에 쓰는 말. 보리
  〔菩提〕 문동〔文童〕에서 왔다고도 함
- 오데서: 어디서
- 부리는: 부르는
- 가찹다: 가깝다.
- 겡상도말: 경상도 말

쫌

고마해라 안쿠나 쫌

짜증나게 하지마라 쫌

겡상도말 쫌은 높낮이로 뜻이 달라진다

쫌 하고

한마디하모 모든일 끝나삔다

- 고마: 그만
- 안쿠나: 안 하더냐. 하잖니.
- 쫌: 조금. 그만
- 겡상도: 경상도
- 한마디하모: 한마디 하면
- 끝나삔다: 끝나 버린다.

112

말씨름

내가 뭐 우쨌다꼬 나만보모 머얼쿠노

저놈우 가스나가 오데라꼬 씨부리노

와나는 말도몬하나 아이구 저매구겉은기

- 우쨌다꼬: 어쨌다고
- 나만보모: 나만 보면
- 머얼쿠노: 나무라느냐?
- 저놈우: 저놈의
- 가스나: '여자아이'를 낮잡아 이르거나 정겹게 이르는 말
- 오데라꼬: 어디라고
- 씨부리노: 함부로 지껄이느냐?
- 와나는: 왜 나는
- 몬하나: 못하느냐
- 저매구겉은기: 저 매구(천년 묵은 여우) 같은 것이

서울말 숭을내모

울아부지 젊었을때 별호가 불칼이다

서울말 숭을내모 보리겡사[京辭] 난리났다

우짜다 서울댕기온아재 말도몬하기 했다

- 울아부지: 우리 아버지
- 숭: 흉내
- 보리겡사[京辭]: 보리경사[京辭]. 서툰 서울 말씨. 얼치기 서울 말씨
- 우짜다: 어쩌다
- 댕기온: 다녀온
- 아재: 아저씨
- 몬하기: 못하게

114

개 눈

문학이라 쿠는거는 아무것도 아인기라

가고파 거기뭣이라꼬 축제에 찌일라꼬

개눈에 똥마비이니 하찮아 비이는기라

- 쿠는: 하는
- 아인기라: 아닌 거야.
- 뭣이라꼬: 무엇이라고
- 찌일라꼬: 끼려고
- 똥마: 똥만
- 비이니: 보이니
- 비이는기라: 보이는 거야.

지슴매기

지슴을 매는일은 공부보다 심들었다
사래밭 긴고랑에 모메삭 하얀뿌리

어느새 아랫도리는 흥건하게 젖어뻤다

- 지슴: 김
- 심: 힘
- 모메삭: 메꽃
- 젖어뻤다: 젖어 버렸다.

YS 유머

각하 갑자기를

겡상도말로 뭐라쿱니꺼

각중에 그런거를 물으모 우짜노

답속에 정답 있네예

각중에가 갑자기 아잉교

- 겡상도: 경상도
- 쿱니꺼: 합니까?
- 각중에: 갑자기
- 우짜노: 어떻게 하느냐?
- 있네예: 있네요.
- 아잉교: 아닌가요? 아닙니까?

2024 여름

썽난바꾸 헛도는 그 질을 가야했다
폭우가 쏟아지고 무더우가 몰리왔다
햇살은 이글거리며 숨통을 조아왔다

- 썽난: 성난. 화난
- 바꾸: 바퀴
- 질: 길
- 무더우: 무더위
- 몰리: 몰려
- 조아: 죄어

개싸움

청과홍 나누어서 박터지게 싸운다

똑같은 사안놓고 구구하게 씨부리며

게살꾼 볼촉시럽게 죽기살기로 싸운다

- 씨부리며: 함부로 지껄이며
- 게살꾼: 헤살꾼. 남의 일에 짓궂게 훼방을 놓는 사람
- 볼촉시럽게: 별스럽게

빛의 색깔

빨강색에 항칠하모 시커멓게 비인다
파랑색에 항칠해도 시커멓게 비인다

겁나게 빨리가는빛 찰나법문 하는기다

- 항칠: 환칠
- 비인다: 보인다.
- 겁나게: 매우. 전남 토박이말

폭 염

덥다덥다 올해만치 덥운해는 처음본다

앞집할배 뒷집할매 웃통을 열어제치고

찬물에 밥말아묵시로 연신 부채질이다

- 덥운해: 더운 해
- 할배: 할아버지
- 할매: 할머니
- 열어제치고: 열어젖히고
- 밥말아묵시로: 밥 말아 먹으면서

사분

나를보는 니눈빛은 살떨리는 몸짓이다
헤어져야 하는숙명 저 상극의 슬픈얼골

땟자국 지워내는삶 밍겅처럼 칼클타

- 사분: 비누
- 니눈빛은: 네 눈빛은
- 살떨리는: 살 떨리는
- 얼골: 얼굴
- 밍겅: 면경
- 칼클타: 깨끗하다.

산골散骨

태아삐라
아깝다
생각말고 태아삐라

몸도매음도 말키태아서 흐치삐라

가실에
낙엽태우드키 말키태아서 흐치삐라

● 태아삐라: 태워 버려라.
● 몸도매음도: 몸도 마음도
● 말키태아서: 모두 태워서
● 흐치삐라: 흩뿌려라.
● 가실: 가을
● 낙엽태우드키: 낙엽 태우듯이

반가워라《토박이말 시조 100선》

윤재근 한양대학교 명예교수

《토박이말 시조 100선》의 원고를 김복근 시조인께서 보내왔다. 그 서문에서 시조인이라면 반명盤銘으로 삼아야 할 시조격時調格의 지남指南을 다섯 항목으로 밝히고, '별것이 아닌 것을 별것이 되게 하고자 말하기의 숨은 의도가 마중물이 되어 골짝 사투리인 토박이말을 살리고 시조에 함의된 흥과 음악성을 살리는 계기가 되기를 기대한다'라는 서문을 실었다. 이에 《토박이말 시조 100선》에 발문跋文을 올려야겠다고 생각하며 원고를 읽다가 나도 몰래 토박이말들이 절로 읊어져 나 자신 몹시 즐거웠다.

《토박이말 시조 100선》은 눈으로만 읽을 수 없다. 절로 입으로 읽힌다. 입으로 읽히면 절로 읊어지게 마련이고 읊어지면 절로 가락이 따라온다. 그러면 시언지詩言志의 언지言志가 절로 장언지長言之로 이어져 시가동근詩歌同根의 열지說之를 누리게 된다. 《토박이말 시조 100선》이 나로 하여금 장언지의 즐거움(說之)을 누리게 함은 표준말이 아니라 토박이말 낱말들이 모였기 때문인지라 새삼 반가웠다. 오랫동안 표준말 산문으로 된 현대시조만 보다가 오랜만에 토박이말 시조를 만나 입으로 읊어 가락의 흥겨운 즐거움을 누릴 수 있게 한 《토박이말 시조 100선》은 그 자체가 곧 감격이다.

일제日帝 말 조선말을 없애 버리고 "도꾜벤(일본 표준말)"으로 문학하자고 부르짖었던 죄책감으로 가위눌림을 숨기고 살았던 현대문학 1세대들이 하늘나라로 다 가버린 뒤부터 나는 표준말 문학을 두고 입방아를 찧어 왔다. 표준말이 곧 우리말이라는 정식定式은 성립되지 않는다. 방방곡곡 사투리 토박이말들이 다 모여 우리말을 이루지 표준말 하나가 우리말은 아니다. 표준말은 인위적으로 정해진 공용어로서 우리말의 하나일 뿐 표준말이 곧 우리말은 아니다. 김복근 시조인은 이를 몰라 표준말로 시조를 지어 온 것이 아님을 나는 알고 있다. 시조는 토박이말로 지어야 함을 그는 뼈저리게 느끼고 있었다. 시조 문단의 시류를 따를 수밖에 없음을 안타까워하던 끝에 용기백배하여 《토박이말 시조 100선》을 상재上梓했음을 직감해서 더욱 반갑고 감격스럽다.

> 가찹기 다가가모 가시에 찔린다이
>
> 찔네순 예빈얼골 파리하게 흔들리며
>
> 더이상 예빌수없다 지그리는 눈짓이다
>
> ─〈하얀 찔네꽃〉, 전문

《토박이말 시조 100선》에는 위의 〈하얀 찔네꽃〉처럼 장章 사이에 행간行間이 없는 삼장 시조들도 있고, 장章 사이마다 행간을 둔 삼장 시조들도 있으며, 오구체五句體로 나눈 시조들도 있다. 《토박이말 시조 100선》에서 많은 시조들이 초장初章─중장中章─종장終章 사이의 행간 처리가 의미 있음을 주목하게 된다. 행간을 둔 시조들은 김복근 시조인이 시조격時調格의 격격格 즉 작법作法을 기승전결起承轉結로 보지 않고, 기경결해起景結解로 보고 있음을 암시해 주고 창唱으로 이어지는 시가詩歌임을 직감하게 한다. 시조의 격格은 한시漢詩의 정형인 기승전결이 아니라 속요俗謠를 통해서 오랜 세월 면면히 이어져 내려온 〈초중장初中章의 내고−달고(起景)〉는 앞소리(先唱)의 몫이고, 〈종장終章의 맺고−풀고(結解)〉는 뒷소리(後唱)의 몫임을 행간 두기로 김복근 시조인이 암시하고 있기 때문이다. 특히 장章 사이마다 행간을 둔 토박이말 시조는 속가俗歌로서 시조창이 누리는 진면목을 보여 주어 감격스럽다. 왜냐하면 산야山野에서 일하며 불러대는 시조창은 장章 단위로 불림을 시조 문단은 간과看過하고 있음을 새삼 떠올려 주는 까닭이다. 위에 든 〈하얀 찔네꽂〉은 표준말 현대 삼장 시조같이 창唱으로 노래되지 않아도 좋고 읊는 시조로 받아들이면 된다. 그러나 《토박이말 시조 100선》에서 장章 사이에 행간을 두었거나 오구체로 된 시조들은 읊다가(吟) 창唱으로 불릴 수 있음을 암시하고 있다. 물론 《토박이말 시조 100선》은 모두 입으로 읊어지기도 하고 창唱으로 이어지는 운문 시조들인지라 놀랍고 감격스럽다.

표준말은 낱말을 띄어 가락을 없애 버리고 토박이

말은 낱말을 모아 3−4−5조調 등의 가락을 이루어 절로 운문 시조를 일구어 냄을 《토박이말 시조 100선》이 증명하고 있다. 글로 적어 놓을지라도 토박이말은 글로 읽히지 않고 말이 되어 운韻 즉 가락을 타 제 목소리를 제 귀로 듣게 되어 아주 자연스럽게 음영창吟咏唱의 즐거움을 누리게 한다. 《토박이말 시조 100선》이 위의 〈하얀 찔네꼿〉처럼 표준말 삼장 시조와는 달리 읊는 열락說樂을 누리게 해 주니 김복근 시조인이 시조 문단에 경종警鐘을 울리고 있다.

여러 해 전 언젠가 그와 함께 카페에서 시조를 담론하며 그는 시조창時調唱에 관심이 있다고 했다. "노산 선생의 시조가곡時調歌曲은 서양 음률을 타 귀 호사를 누리게 하지만, 정가正歌로서 시조창時調唱이나 속가俗歌로서 시조창이 가슴속에 닿아 뭉클하게 한다. 단순한 구조의 고정 선율에 가성假聲으로 부르는 김월하 명인의 오구체 〈청산리 벽계수야〉도 가슴속에 와닿고, 시나위 가락에 얹어 육성肉聲으로 부르는 조공례 명인의 〈나비야 청산가자〉 속가俗歌로서 시조창은 더욱 가슴에 와닿는다."라고 말했던 기억을 《토박이말 시조 100선》이 떠올려 준다. 그때 나는 앞으로 언젠가 의령 토박이말로 김복근 시조인이 삼장 시조를 지으

글봄 졸업식 날

아련한 추억의 뒤안길에 남몰래 눈물 흘린
배움에 목말라 허덕이며
신작로 길 걸어가던
그때가 오늘따라 그립다

이 이야기 들려주고파
자랑스러운 한 장의 사진이 나를 뒤돌아보게 한다
수많은 인고의 세월 속에 결실을 맺게 되니
감격의 더운 눈물 두 뺨을 적신다

세월 한 장

시간이 지나가면 달력 한 장 추락한다

떨어진 달력 한 장 유일한 벗이 된다

한 번 접고 두 번 접고 몇 번을 접다 보면
예쁘고 깨끗한 나만의 노트가 된다

하얀 노트 위에 검은 펜 하나 있으면
그림도 그리고 무엇이든 채울 수 있다

낙서도 푸념도 투정도
다 받아주는
나의 유일한 친구가 된다

가는 길 어디

한여름 쏟아지는 빗소리에 설렘이 가득하고
흐르는 물소리에 삼나무 숲길 신비롭다

떠도는 구름처럼 인생은 바람 속에
꿈 안고 길을 찾아 반세기가 흘렀건만
인생길 가는 길 알 수 없어라

청산에 배 띄워 정처 없이 흐르는
머무르다 가는 곳 그곳은 어디인고

질곡의 세월

변한 강산을 여덟 번이나 맞았는데
춘하추동 사계절은 몇 번이나 맞았을까

지난 세월 다 말 못 하고
가슴 저민 수많은 날
질곡의 세월 품었을지라도
온화한 숨결 저 멀리 소슬바람, 길 떠난 하늬바람
억새꽃 하늘하늘 춤으로 화답한다

사랑의 둥지

눈물과 웃음은 이웃사촌이라는데
일그러진 가시밭길 헤쳐 나간
아름다운 우리네 인생살이

덧없이 가는 세월도 비켜 간 나의 삶
인생은 육십부터라지만
그래도 팔순도 청춘이라고
삶이 아무리 힘들고 무거워도
경이로운 우리네 인생길이 열린다

일장춘몽

하얀 종이 위에 적어보는 이름들
무심히 흘러간 시간들

아무리 불러도 그리운 그 이름
세월 속에 잊혀갈 얼굴들

오늘도 뒤돌아본 지난 추억들은
뜨거운 눈물 되어 가슴을 울린다

훌쩍 가버린 삼 년, 배움의 그 세월도
모두가 일장춘몽 같다

올가을은

세월 참 빠르다
올가을은 유난히 더 빨리 지나가 버린 듯하다

중학생이란 명찰을 달고 보니
세상 보는 눈이 조금씩 달라지고
해 보지 못한 꿈들이 고개를 든다
고목나무에 꽃이 피듯이

공부도 때가 있는 법
이 나이에
의욕만으로 채워지지 않는 것은
그래도
아직 남아 있는 향학열이다

시험 보는 날

오늘은 학년말 시험 보는 날이다
학생의 본분으로 당연한 과제이지만
막상 시간이 되니
심장이 콩닥콩닥 널뛰기를 한다

시험지를 받아드니 지난날이 주마등처럼 스친다
그 시절은 저마다 푸른 꿈과 포부가 있었지만
지금의 우리들은 어떤 꿈을 꾸고 있을까

여든한 살의 늦깎이 학생은 머리를 짜내 보지만
돌아서면 잊어버리는 것이 다반사다
그래도 시간은 흘러간다

지나간 것은 지나간 대로 잊어버리자
내일이 있으니까

으'와 '에/애' 구별도 힘들어 6단모음으로 발음하는 데가 많은 지역이 경남이다. 경상도 발음도 알아듣는 내비게이션을 개발하라는 주문에는 웃음마저 나온다.

그런데 시조인이 토박이말을 사용하는 데는 집안의 영향도 무시할 수 없다. 이 장면을 내밀하게 보여 주는 작품이 〈서울말 숭을내모〉이다.

울아부지 젊었을때 별호가 불칼이다

서울말 숭을내모 보리겡사(京辭) 난리났다

우짜다 서울댕기온아재 말도몬하기 했다
— 〈서울말 숭을내모〉, 전문

이 시조를 읊조리면, 별호가 '불칼'인 울아부지와 우짜다 서울댕기온 아재 사이에 서울말 사용을 두고 팽팽한 기 싸움을 벌이는 장면이 눈에 선하게 들어온다. 귀에 착 감기는 서울말을 듣고 그것을 흉내 내고 싶어 하는 것으로 보아, 아재는 젊은 축에 드는 사람임을 상상하기도 어렵지 않다. 불칼인 형님(울아부지) 앞에서 감히 대들지는 못해도 입이 이만큼 튀어 나와 있을 아우(아재)를 생각하면 입가에 절로 미소 가 머금어지기도 한다. 이 시조에서 단연 압권인 표 현은 '보리겡사(京辭)'다. 서울말 흉내를 내는 사람을 비꼬아 말할 때 경남에서는 '겡사 날린다'라고 하고, 그렇게 사용하는 얼치기 서울 말씨를 '보리겡사'라 한 다. 이런 정서를 나타내는 작품에 표준어를 사용하여 '울아버지, 흉을내면, 어쩌다, 다녀온, 아저씨, 못하 게' 등으로 사용했다면, 그 정서는 반감되었을 것이 분명하다.

표준어로는 기대하기 어려운 시적 여운①: 어휘적 어휘

《천지삐까리》에 사용된 200여 토박이말은 어휘 180여 개, 문법 요소 약 30개로 분류된다. 그동안 시 에서 토박이말이 사용된 경우는 대부분 어휘 사용에 국한되고 문법 요소로까지 범위가 확대된 경우는 많 지 않았다. 시를 지을 때, 문법 요소까지 토박이말을 사용한다는 것은 토박이말 사용이 표준어 사용과 동일한 차원임을 웅변해 주는 일이다. 우선 김복근 시조인이 사용한 토박이말 어휘부터 언급한다.

이해의 편의를 위해, 토박이말 어휘를 어휘적 어휘와 음운적 어휘로 나누기로 하자. 어휘적 어휘는 표준어와는 전혀 다른 어형을 가진 토박이말이다. 표준어 '부추'를 경남에서는 '정구지' 또는 '소풀'이라고 하는데, 이것은 어휘 자체가 다름에서 비롯한 어휘적 어휘에 든다. 반면에, 표준어 '경상도'와 경남 토박이말 '겡상도'를 비교해 보면, 이 두 말 사이에는 일부 소리(음운)의 차이로 인해 다른 어휘가 되었다. 이런 것을 가리켜 음운적 어휘라 한다. 조선어학회 수난 사건으로 감옥에서 순국한 환산 이윤재 선생은 어휘적 어휘를 '각립어各立語'라 하고 음운적 어휘를 '전등어全等語'로 부르면서, 전자는 비록 서울말이 아니더라도 대표성을 갖는 말을 표준어로 선정해야 한다는 주장을 펼치기도 했다.

숫자 면에서 보면 음운적 어휘가 어휘적 어휘보다 압도적으로 많다. 공통어가 소리의 다름으로 말미암아 각 지역 토박이말로 분화되는 것이 가장 자연스러운 현상이기 때문이다. 《천지삐까리》에는 어휘적 어휘가 50개 정도인 데 비해, 음운적 어휘는 130개를 넘는 것도 이런 까닭에서 연유한다. 따라서 우리가 더욱 눈여겨보아야 할 대상은 어휘적 어휘라 하겠다. 인상적으로 어휘적 어휘를 사용한 작품 몇 개를 보기로 하겠는데, 가장 눈에 띄는 것이 이 시조집 제목이기도 한 〈천지삐까리〉이다.

숲속의 나무들이 가마이 서있는거겉제

그속에 들어가보모 온갖말이 다떠돈다

잎사구 주디이열고 박상틔우는 이바구꽃

— 〈천지삐까리〉, 전문

'천지삐까리'는 천지가 볏가리로 가득 차 있을 정도로 매우 많다는 뜻이다. 숲속의 나무들이 가만히 서 있는 것 같아도, 자기들끼리는 수없이 많은 말을 주고받는다는 뜻에서 '천지삐까리'라는 표현을 등장시켰을 것이다. 이 작품 종장에서 우리는 공감각적 이미지의 한 정수精髓를 본다. '이바구'라는 청각적 이미지가 '꽃'이라는 시각적 이미지로 재탄생해 있는데, 그 꽃은 '박상' 틔우듯 쏟아지는 꽃으로 표현되어 있다. 그런데 이 장면에서 토박이말 '이바구'를 표준어 '이야기'로 바꾼다면 어떻게 될까. 구수하고 인간미 넘치는 정서는, 세상사나 주절대는 그렇고 그런 이미지로 변하고 말 것임에 틀림없다. 토박이말만이 갖는 깊은 정서를 확인하는 대목이다.

잎사구(잎사귀)가 주디이(주둥이)를 연다는, 의인화된 시각화도 그냥 넘길 수 없다. 여기에서도 '잎사구－주디이'의 조합은 '잎사귀－주둥이'의 그것보다 친근하고 순박한 이미지로 다가온다. 어쨌든 시조인은 나무들이 주고받는 말도 들을 수 있는데, 이 나무들이 속삭이는 말들은 경상도 토박이말이다. 이렇게 나무도, 서울 나무는 표준어로 말하고 경상도 나무는 토박이말로 대화를 나누는 것이다.

매우 많음을 나타내는 경남 토박이말은 '천지삐까리' 외에도 정말로 천지삐까리이니, '만포장, 만수장, 만수판, 만장판, 만판지기'와 같은 명사, '만장겉다, 천지다, 쌔 빌렸다, 수두룩빽빽하다'와 같은 용언적 표현이 그것이다. 적재적소에 가려 쓴다면 시적 효과를 높이는 데 도움을 줄 것이다.

〈난리버꾸〉는 토박이말 사용이나 이미지 구축의 측면에서 '천지삐까리'와 매우 닮은 작품이다.

정월이라 대보름 휘영청 밝은달에

풍물굿 매구소리 얼씨구 상사디야

집돌금 지신지신울려라 절씨구나 버꾸재비

—〈난리버꾸〉, 전문

　'난리버꾸'는 표준어 '난리'에 표준어 '버꾸'가 결합
된, 어형 자체는 모두 표준어로 된 말이다. 표준어로
대역하면 '난리굿'이 되지만, 난리버꾸와 난리굿이 주
는 심상은 전혀 다르다. 난리굿은 표준어 뜻 그대로
난리가 일어난 판을 비유적으로 이르는 말로 부정적
이미지로 쓰이는 것이 절대적이다. 그러나 난리버꾸
는 부정적 맥락에서 쓰이기도 하지만 대부분 긍정적
인, 그것도 매우 흥을 돋우는 맥락에서 쓰인다. 정월
대보름날에 행하는 지신밟기 풍물놀이에 '난리버꾸'
가 아닌 '난리굿'이라는 말을 썼다면, 이 작품의 매력
은 크게 사라지고 말았을 것이다. '집돌림'을 '집돌금'
으로, '꽹과리'를 '매구'로 표현한 것도 같은 맥락으로
이해된다.
　어휘적 어휘와 관련하여 '망개'를 빼놓을 수 없다.

이 말은 〈꽃보다 초록 이파리〉에 '망개잎, 망개열매' 형식으로 등장한다.

꽃병에 꽃이아닌 망개잎 망개열매

시드는 꽃과달리 푸른내미 그윽하다

맨재지 밥상머리에 따신입맛 동그랗다

—〈꽃보다 초록 이파리〉, 전문

'망개'의 표준어는 '청미래덩굴'이다. 익기 전의 열매는 연두색이고 익은 뒤의 그것은 붉은색이다. 하트 모양의 잎사귀는 덩굴에 비해 크기도 크거니와 유난히 광택이 많다. 생명력이 강해 꺾어 꽃병에 꽂아 놓으면, 다른 꽃을 꽂아 놓았을 때보다 몇 배가 오래도록 '푸른내미 그윽하다'. 잎사귀를 활용한 의령宜寧 명물 '망개떡'은 표준어로 등재된 말이기도 하다.

만약에 위 시조와 같은 맥락에서 표준어 청미래덩굴을 썼다면, 이것은 아예 작품이 되지도 않았거나 되었다 하더라도 전혀 엉뚱한 심상으로 다가올 것이 분명하다. 그만큼 '망개' 2음절이 우리에게 주는 정서는 독특하다. 청미래덩굴의 열매를 표준어로는 '맹감'이라 하는데, 이는 원래 전라도 토박이말이다. 사용 지역이 가장 넓은 말이 '망개'인데도 서울말이 아니라는 이유로 표준어가 되지 못한 서러움을 위 시조가 잘 위로해 주는 듯하다. 종장에 나타나 있는 '맨재지 밥상머리, 따신입맛, 동그랗다'가 그 위로의 역할을 잘 담당하고 있다.

〈반주깨미〉는 어릴 적 기억을 소환하면서 그것이 현재 내 삶의 자양분이 되었음을 고백하는 수작이다. "니는옴마 나는아부지 우리는 오순도순/ 땅갑지 그륵 삼아 반주깨미 살았는데/ 아득히 지나간삶을 돌아보며 살아가는". 기초 어휘 중 기초 어휘인 '옴마, 아부지'를 비롯하여, '땅갑지, 그륵, 반주깨미' 등 토박이 어휘는 어느덧 우리 삶의 시간을 1950~1960년대로 이끌어 간다. 발음하기 힘든 '그릇'이 아니라 발음하기 수월한 '그륵'이 있기에 '툭사리(뚝배기)' 된장국 같은 깊은 인생의 맛을 느낄 수 있는 것이다.

'아부지, 옴마'만큼이나 친숙한 어휘로 '가스나, 머스마, 문디이'를 빼놓을 수 없다. '가스나'는 여자아이를, '머스마'는 남자아이를, '문디이'는 친구를 허물없이 정겹게 부르거나 이르는 말이다. "가스나 저기미 쳤나"(〈물사발〉), "선머스마 마실가듯 슬쩍나선 나들이"(〈벼리모티〉),[1] "야 이 문디이야 오데서 부리는소리"(〈문디이〉)에서 보듯, 이 환경에서 그 어휘 자리를 다른 표준어가 메운다면 그것은 전혀 다른 작품이 되고 말 것이다.

참고로, 《천지삐까리》에 실린 그 밖의 대표적인 어휘적 어휘를 가나다순으로 배열해 본다.

"각중에(갑자기), 갈방잎(가랑잎), 개골창(개울), 고매뻬때기(절간切干고구마. 얇게 썰어서 볕에 말린 고구마), 깔딱길(비탈길), 깔롱지다(멋을 내다. 간능을 부리다), 나배기(보기보다 나이가 많은 사람), 다부(도로, 다시), 두디기(포대기), 마치맞다(알맞다), 매착(두서), 먼댕이(꼭대기), 모메꽃(메꽃), 모메삭(메꽃), 머얼쿠다(나무라다), 미리내(은하수), 반티(함지), 보골(화), 부석(아궁이), 빼다지(서랍), 사분(비누), 서답(빨래), 성글다(거칠다), 싸가지(싹수), 씨부리다(지껄이다), 에나(진짜), 우구리(말랭이. 얇게 썰어 말

---

1 여기에서 '마스마'는 '머슴'의 의미로 쓰였다. '머스마'는 '사내아이'와 '머슴' 두 가지 의미로 쓰이는 말이다.

린 것), 이적지(여태껏), 입소구리(입술), 전자다(겨누다), 쪼매이(조금), 찌지미(적. 부침개), 천불나다(열기가 날 정도로 몹시 화가 나다), 칼클타(깨끗하다), 호작질(손장난)".

표준어로는 기대하기 어려운 시적 여운②: 음운적 어휘

음운적 어휘는 어휘적 어휘보다 상대적으로 향토색이 옅은 것이 사실이다. 그러나 그렇다고 하여 그 존재 가치가 어휘적 어휘보다 떨어진다는 의미는 절대 아니다. 어떤 소리(음운)가 특정 소리로 바뀌는 규칙성은 향토색을 더 드러내게 하기 때문이다. '경(상도)'의 '여' 발음이 '에'로 바뀌는 지역은 그야말로 경상도밖에 없기 때문에, '겡상도'를 듣는 순간 말하는 이의 출신지를 예측할 수 있다는 것이다.

특별히 언급하지는 않았지만, 다음과 같은 음운적어휘 일부는 위에서 이미 등장한 바 있다. "가마이(가만히), 겉다(같다), 겡상도(경상도), 고오매(고구마), 댕기오다(다녀오다), 몬(못), 물고매(물고구마), 숭(흉

내), 아부지(아버지), 우짜다(어쩌다), 잎사구(잎사
귀), 주디이(주둥이), 할배(할아버지)".

그리고 다음 어휘도 아래 기술 부분에서 등장하
는 주요 음운적 어휘다. "가아(그 아이), 게살꾼(헤살
꾼), 괘않다(괜찮다), 나(나이), 땡기다(당기다), 모티
(모퉁이), 무다이(무단히), 무리다(무르다), 부리다(부
르다), 비이다(보이다), 수구리다(수그리다), 씨다(쓰
다), 아이다(아니다), 오데서(어디서)".

우선, 음운적 특색을 잘 반영한 토박이말 시조부터
살펴보기로 한다.

　　　지금까지 살아온기 버꿈같이 허무하다

　　　운제까지 살게될지 전설처럼 느끼진다

　　　우짜다 고매빼때기 메마르게 살아간다
　　　　　　　　　　　　　　　　　　—〈인생·2〉, 전문

〈인생·2〉에서 제일 눈길이 가는 음운적 어휘는 '운
제(언제)'와 '우짜다(어쩌다)'이다. 위 시조에서도 그
렇지만, 아래 예들을 보면 표준어에서 '어'로 시작되

는 말이 경남 토박이말에서는 '우'로 시작된다는 규칙
성을 발견할 수 있다. "우짜모(어떻게 하면), 우짤라
꼬(어떻게 하려고), 우찌(어찌, 어떻게), 우쨌다(어쨌
다)". 이를 전문적으로는 후설모음後舌母音의 고모음화
高母音化라 한다.

   고모음화가 실현된 이 어휘는 시에서 표준어가 담
기 어려운 색다른 정서를 느끼게 한다. 예컨대, '우짜
다'를 '어쩌다'와 비교해 보면 더 절박한 심정은 '우짜
다'가 훨씬 더 잘 나타냄을 알 수 있다. '어쩌다'는 어
떻게 하다가 실수한 정도의 이미지로 다가오지만, '우
짜다'는 돌이킬 수 없는 숙명 같은 느낌으로 다가오기
때문이다. 〈인생·2〉의 주제 의식과 '우짜다'는 찰떡
같은 궁합을 이룬다. 더하여 '고메빼때기'까지 등장하
니, 〈인생·2〉는 토박이말 사용으로 하여 주제 의식이
한층 더 명료해진 작품이라 하겠다.

   다음은 친족어를 반영한 작품이다.

      허둥대지 말거라 눈꿈뻑하모 지나간다

      살다보모 다알끼다 한쪽귀로 흘리삐라

아부지 나이쯤되모 절로알게 될끼다

—〈달관〉, 전문

《천지뻬까리》 첫머리를 장식하는 시조가 바로 〈달
관〉이다. 그만큼 상징성을 갖는 작품이다. 이 작품에
서 핵이 되는 어휘는 아마도 '아부지'일 것이다. 시집
간 딸이나 장가든 아들에게 가장 그리운 이름은 '옴
마(엄마)'다. 온갖 투정, 짜증 다 부려도 너그러이 받
아들이고 등을 다독여 주는 대상이 엄마라는 사실
을 부인할 사람은 없을 것이다. 반면에, '아부지(아
버지)'는 든든하긴 하지만 늘 두렵고 피하고 싶은 이
름이다. 그러나 내 나이가 당신 나이 때쯤 되면, 그
때 태산처럼 묵직하게 다가오는 존재가 바로 아버지
이다. 〈달관〉에 '아부지'가 등장하는 까닭은 그 때문
이다.

그런데 이와 같은 의미에서는 서울 아버지보다 경
남 아부지가 훨씬 더 어울린다. 어차피 엄격함 그 자
체가 부친의 몫이라고 하면, 아부지가 아버지보다
더 많은 역할을 담당하고 있다는 것이다. '엄마'에 대
한 경남 토박이말 '옴마'는 있어도, 서울말 '아빠'의 경
남 토박이말이 없다는 점도 이를 웅변해 준다. 《천지

삐까리》에 등장하는 다른 주요 친족어로는 "아재(아저씨. 2회), 아지매(아주머니), 어무이(어머니. 4회), 시어무이(시어머니), 할매(할머니), 할배(할아버지. 3회)" 등이 더 있다.

친족어 중에서 가장 많이 등장하는 이름은 단연 '어무이'다.

온화하고 따뜻한말 정감이 담겨있는말

다부 갖다두라는 어무이 말씀처럼

이적지 들어보지못한말 저 정다운 말한마디

—〈'다부'라는 말〉, 전문

이 시조는 토박이말의 중요성을 어머니 품 안으로 비유한 걸작이다. '다부'는 '다시, 도로'라는 뜻의 경남 토박이말이다. 오랫동안 잊힌 말 '다부'를 다부(다시) 들었을 적의 감동을 시조인은 "이적지(여태껏) 들어보지 못한말"이라고 표현해 놓았다. 새로운 하늘이 열리고 있는 순간이다. 어머니 품 안 같은 토박이말 사용으로 시조의 새로운 지평을 열고자 하는 시조인에게 뜨거운 박수를 보내고 싶은 작품이다.

우리말에서 구개음화가 가장 먼저, 가장 활발하게 일어난 지역은 경상도와 전라도이다. 따라서 경남 토박이말이 구개음화와 관련된 숱한 어휘를 보유하고 있을 것은 자명한 이치이다. 《천지삐까리》에도 '숨질(숨결), 숭(흉내), 심(힘), 쎄(혀), 질가(길가), 짚이(깊이), 찌이다(끼다)'와 같이 구개음화된 어휘가 많이 등장한다.

문학이라 쿠는거는 아무것도 아인기라

가고파 거기뭣이라꼬 축제에 찌일라꼬

개눈에 똥마비이니 하찮아 비이는기라

—〈개눈〉, 전문

위 시조는 편향된 시각을 갖고 있는 일부 지역 인사들에게 남기는 쓴소리를 담고 있다. '가고파'는 노산 이은상 선생의 대표 시조의 하나이자 그것을 음악화한 가곡의 이름이다. 아울러 경남 창원시에서 해마다 가을에 개최하는 '마산가고파국화축제'의 이름에 들어가는 말이기도 하다. 그런데 노산에 반감을 가진 일부 지역인들은 이 축제 이름에서 '가고파'를 빼야 한다고 주장하고, 실제로 몇 년 동안은 그렇게 되기도 했다. 2024년도 행사 때부터 다시 '가고파'가 되살아나긴 했지만, 이를 무력화하고자 하는 움직임은 여전히 남아 있다. 이런 상황에서 화자는 역설적으로, 풍자적으로 이를 비판하고 있는 것이다.

초장은, 문학은 아무것도 아니니 문학 작품 '가고파' 역시 아무것도 아니라는 자조로부터 시작된다. 그러니 언감생심 그 이름이 뭐 대단하다고 축제에 끼려 하느냐고 역설적으로 긍정하는 부분이 중장이다. 이는 일부 반대 인사들의 논리를 그대로 옮겨 놓은 것으로 볼 수도 있다. 그러나 종장에서는 대반전이 일어난다. 개 눈에는 뭐만 보인다고, 너희가 뭘 안다고 떠드느냐는 호통이 장난이 아니다. 지역 축제 행사와 관련하여 이를 '끼이려고'로 표현했다면 현장감이 영 사라졌을 것이다. 토박이말이 지역 정서를 잘 드러낸다는 점이 다시 한번 확인되는 대목이다.

표준어로는 기대하기 어려운 시적 여운③: 높낮이

잘 알려진 대로, 경상도 토박이말은 말의 높낮이로 뜻이 달라지는 언어, 즉 성조 언어聲調言語이다. 어형이 같은 '소풀'이래도 첫 음절은 높고 둘째 음절은 낮게 발음하면, 즉 '소풀'로 발음하면 이는 부추가 되고,[2] 첫 음절은 낮고 둘째 음절은 높게 발음하면, 즉 '소풀'로 발음하면 이는 소가 먹는 풀인 '쇠꼴'이 된다. 높낮이로 시의 의미를 이중적으로 해석할 수 있는 좋은 작품이 〈초로初老 · 2〉이다.

강모티 갈꽃같이 겨울비가 흩날리다
수구린 산면댕이 저녁노을 얼비추모

무다이 눈물이나네 나도 나를 무웄이까

—〈초로初老 · 2〉, 전문

이 작품은 초로初老에 접어든 시적 화자의 감회를 승화한 것이지만, 종장에 쓰인 두 번의 '나'로 하여 중

---

2 ''는 그 앞 음절을 높게 발음하라는 의미를 지니는 부호다.

의법 해석을 낳는 걸작이라 해야 한다. 이 두 '나' 가운데 하나는 인칭대명사 '나(我)'이고, 다른 하나는 '나이'의 경남 토박이말 '나'이다. 인칭대명사 '나'의 성조는 중조中調라서 이는 '나⁽⁾'로 표현하고, '나이'의 '나'는 고조高調라서 '나'로 표현한다. 이 두 말 뒤에 조사를 넣으면 자신을 가리키는 '나⁽⁾'는 '나는(나는), 나도(나도), 나를(나를)'처럼 고–저로 발음되고, 나이를 가리키는 '나'는 '나는'(나이는), 나도'(나이도), 나를'(나이를)'처럼 고–고로 발음된다.

위 시조의 종장에 나오는 '나도 나를 무엤이까'는 일차적으로 "나도 나이를 먹었을까"로 해석되니, '나도 나를 무엤이까'처럼 표현할 수 있다. 그러나 이 부분은 "나이도 나를 먹었을까"와 같은 이차적인 해석도 가능한데, 이는 '나도' 나를 무엤이까'처럼 나타낼 수 있다. 내가 나이를 먹었다는 표현은 누구나 예상할 수 있는 것이지만, 나이가 나를 먹었다와 같은 해석은 전혀 새로운 것이다. 세월의 흐름으로 나 자신을 먹는 것으로, 즉 나를 지배하는 것으로는 나이도 있지만 돈과 권력과 기타 여러 가지가 있을 수 있잖은가 말이다. 시조인의 의도가 무엇인지는 굳이 알 필요가 없다. 그 해석은 독자의 몫이기 때문인데, 이와 같이 토박이말 사용은 시 해석의 차원을 달리하는 데도 유용한 것이다.

밤(夜)에 밤(栗)을 무울(먹을) 수는 있어도, 밤(栗)에 밤(夜)을 무울 수는 없는 노릇이다. 눈(目)에 눈(雪)이 드갈(들어갈) 수는 있어도, 눈(雪)에 눈(目)이 드가는 희한한 일은 있을 수 없다. 또 발(足)로 발(簾)을 찰 수는 있어도, 발(簾)로 발(足)을 찰 수는 없지 않은가. 여기에 나오는 '밤(夜)/밤(栗), 눈(目)/눈(雪), 발(足)/발(簾)'의 의미는 전적으로 말의 높낮이로 구별되니, 높낮이가 어찌 중요하다 하지 않을 수 있겠는가. 고-저 부호를 찍는 일은 독자들의 몫으로 돌린다.

말의 높낮이와 관련하여 지적하지 않을 수 없는 또 다른 작품이 〈가아가가아가〉이다. 경남 지역에서는 한때 "가가가가가?"의 의미를 묻는 말이 유행한 적이 있었고, 지금도 그런 우스개를 하는 사람이 적지 않다. "가가가가가?"는 극단적으로 적은 표기법인데, 이를 높낮이 부호를 넣고 좀 더 정확하게 표기하면 "가아가 가가 가아가?"처럼 된다. 그리고 그 의미는 "그 아이가 가가(賈哥=賈氏) 그 아이냐?"이다. '가아가'와 '가가'는 높낮이가 다른 데서 의미도 달라지는 말임을 보이는 예의 하나다. 〈가아가가아가〉도 이런

155

상황을 그 배경으로 깔고 있다.

니 가아를 좋아하제
와 좋아하모 안되나

아이다 가아가가아다 좋아해도 괘않다

투박한
껭상도말법 줄이고 또줄여쓴다

—〈가아가가아가〉, 전문

《천지삐까리》에 등장하는, 높낮이로 뜻이 달라지는
몇 예를 더 보기로 하자.

서로를 끌어땡기모 마음이 통하는기라(〈가시버
시〉), 고가스나 가는눈썹 차암해 비이네(〈신윤복의
미인도〉), 무린듯 단단한몸짓 저져흐르는 저 고요
(〈다시, 남강〉), 야 이 문디이야/ 오데서 부리는소리
(〈문디이〉), 게살꾼 악을씨드키 죽기살기로 싸운다
(〈개싸움〉)

위 인용문에서 밑줄 부분은 어느 음절에 높은 소리가 얹히는지에 따라 뜻이 달라지는 말이다. '땡기모'의 경우, '땡기다'가 되면 무엇을 '당기다'의 뜻인 반면에, '땡기이다'처럼 둘째 음절이 높다가 낮아지는 소리가 되면 '당겨지다'라는 피동의 뜻이 된다. '비이네'의 '비이다'는《천지삐까리》에서 여섯 번이나 쓰일 정도로 자주 등장하는 말인데, 이 시조집에서의 발음은 '비이다'처럼 두 번째 음절에 고조가 얹히는 것이다. 그리고 그 뜻은 피동사 '보이다'이다. 그런데 이 발음이 '비이다'처럼 첫 번째 음절을 높게 발음하면, 이것은 사동사 '보이다'가 된다. '무린듯'의 '무리다'는 '무리다'로서 '무르다'의 뜻이지만, 이것을 '무리다'로 발음하면 '무리이다', 즉 '무리가 따른다'가 된다.

'부리는'을 '부리다'로 발음하면 이름 따위를 '부르다'나 배가 '부르다'의 뜻이 되는데, 이 시조집에서는 전자의 의미로 쓰였다. 이를 '부리다'로 발음하면 시킨다는 뜻의 '부리다'가 되어 전혀 다른 의미가 된다. '씨드키'에 나오는 '씨다'는 두 음절 모두 고조로 발음되는 '씨다'인데, 이것은 글을 '쓰다', 물건을 '쓰다(사용하다)', 모자를 '쓰다' 등등의 '쓰다'이다. 이를 첫째 음절만 높게 발음하면, 즉 '씨ㅣ다'로 발음하면 맛이 '시다'가 되어 완전히 다른 뜻이 된다. 이 시조집에서는 전자의 뜻으로 썼다. 이처럼 경남 토박이말은 높낮이로써 의미가 구별되는 언어인 만큼, 이런 점을 잘 활용하면 의외의 시적 효과를 높일 수 있을 것이다.

문법적 표현

《천지삐까리》에 등장하는 문법 요소는 조사 4개, 어미 23개, 접미사 1개, 감탄사 1개 등 모두 29개이다. 결코 적은 숫자가 아니다. 체언 뒤에 오는 조사 4개의 목록은 단독의 '마(만)', 높임의 '예(요)', 관형격조사 '우(의)', 접속조사 '캉(랑)'이다. '마'는 이미 본 바 있는 "개눈에 똥마비이니 하찮아 비이는기라"(〈개눈〉)에 쓰인 것이 유일 예다. 관형격조사 '우'는 "저놈우 가스나가 오데라꼬 씨부리노"(〈말씨름〉)에 나타나는 '우'이다. '저놈의'를 '저놈의, 저놈에'라고 말하는 경남 사람은 없다. 언제나 '저놈우'이다. 재미있는 것은 '가스나'는 여자인데도, 일반적으로는 '저년으'가 아니라 '저놈우'로 표현한다는 사실이다. '저년으'라고 했을 때는 정말 욕이 되지마는 '저놈우'라고 하면 친근감을 나타내게 된다. '캉'은 〈니캉내캉〉이라는 제목에 쓰이고 있다. 이를 표준어 표준 '너랑 나랑'이라고 하면 사무적인 관계로 이해되지 정다운 친구 사이로 이해되지 않는다. '니캉내캉'이라 했을 때만이 어깨동무, 씨동무가 된다.

 높임의 보조사 '예'가 경남 토박이말에서 갖는 위치는 각별하다. 요즘은 서울말 '요'가 들어와 '요'가 '예'를 밀어내고 있는 판국이지만, 이 두 말이 주는 사회언어학적 의미는 매우 다르다. 어른들 앞에서 '요'를 썼다가는 건방진 놈, 서울 티를 내는 놈으로 매도되는 일이 다반사였다. 반면에 '예'는 공손한 말로 받아들여졌다.

  내사마 혼자라서 훨훨 날아봤지예

  해가 질라쿨때 질가에 내리앉아

  새롭운 살터찾아서 실눈을 떠봤어예

  　　　　　　　　　　　　　　　—〈민들레 홀씨〉, 전문

159

민들레 홀씨의 훨훨 나는 가벼움은 '예'를 만나 더욱 경쾌해진 느낌이다. 종장 "실눈을 떠봤어예"에서는 앙증스러움마저 준다. 이를 '떠봤어요'라고 했으면 기회주의자로 읽힐 뻔했다는 점을 지적해 둔다. 위 시조 첫머리에 쓰인 '내사마'의 표준어는 '나야 뭐' 정도 된다. '사'는 강세 접미사이고, '마'는 경남 특유의 토박이말이다. '내사마'는 거의 하나의 단어처럼 굳어 버린 정감 어린 토박이말 유산이다.

용언 뒤에 오는 어미는 우리말 문법 의미를 정밀하게 해 주는 요소다. 표준어에서도 그 목록이 만만하지 않지만, 토박이말에서의 그것은 더욱 세분되어 있다. 어미는 어말어미와 선어말어미로 나뉘고, 어말어미는 다시 종결어미와 연결어미로 나뉜다. 선어말어미는 표준어와 토박이말 사이에 거의 차이가 없다. 추측을 나타내는 '-겠-'이 경남에서 '-겄-'으로 나타나는 차이 정도가 존재하는데, 《천지삐까리》에서는 이것이 사용된 예가 없다. 이 시조집에 사용된 어말어미를 종결어미와 연결어미로 나누어 목록을 보이면 다음과 같다.

- **종결어미:** −거라/−거래이(−아라), −나?(−느 냐?), −노?(−느냐?), −는기라(−는 거야), −는 기요(−는가요), −다아이가(−잖아), −대이(− 다), −삐다(−버리다), −심더(−습니다), −으까이 (−으겠느냐), −응/능교?(−는가요?), −제(−지), −카다(−라고 하다), −쿤깨네(−라고 하니까는)

- **연결어미:** −기(−게), −꼬(−고), −드키(−듯이), −모(−면), −을라(−으려), −을라꼬(−으려고), − 음서(−으면서), −음시로(−으면서)

어미 목록만 보더라도 경남 토박이들은 잊었던 표 현에 탄성을 지를 것이다. 상징적인 몇 예를 보기로 한다. 가장 먼저 언급할 것은 흔히 '해라체' 의문법 어 미라고 불리는 것이다. 표준어에서는 어떤 경우에라 도 '−느냐/으냐?' 하나만 쓰이지만, 경남 토박이말에 서는 조건에 따라 '−나? −노? −가? −고?'라는 네 개 의 형식이 등장한다. "집에 가나?[−의문사, +동사], 오데 가노?[+의문사, +동사], 이기이 잭가?(이게 책 이냐?)[−의문사, +명사], 이기이 누 책고?(이게 누구 책이냐?)[+의문사, +명사]"를 보면, 묻는 말인 의문 사가 있느냐 없느냐, 서술어가 동사(용언)냐 명사(체

161

언)냐에 따라 네 가지 형식이 체계를 이루고 있음을 본다. 《천지삐까리》에는 '-가? -고?'는 등장하지 않고 '-나? -노?'만 등장한다.

《천지삐까리》에 가장 많이 쓰인 어미는 연결어미 '-모(-면)'로 자그마치 18회나 등장한다. '-모'가 가장 넓은 경남 지역에서 사용되지만, 창녕 등 북부 경남 지역에서는 '-마', 김해나 울산 동부 일부 지방에서는 '-먼', 거제·고성·하동 등 남부 해안가에서는 '-몬' 등도 사용된다. 사용하는 말만 듣고도 고향을 짐작하게 하는 말이 바로 '-모'인 셈이다. 토박이말만 듣고도 이렇게 고향을 알게 하는 또 다른 문법 표현으로 '-쿠다'를 들 수 있다. 표준어로는 '-라고 하다'라는 인용과 관련되는 말인데, 대체로 말하면 동부 경남은 '-카다', 중서부 경남은 '-쿠다', 하동 지역은 '-허다'이다.

여기에 더하여 부가의문문으로 불리는 표준어 '-다 잖아'는 경남에서 '-다 아이가' 형식으로 나타난다. 또 표준어 '-는 거야'에 대응하는 경남 토박이말은 '-는 기라'이다. 이런 다양한 표현으로 이루어진, 그야말로 경남 토박이말 문법 요소의 집합으로 된 대표적인 시가 〈가시버시〉이다.

내가 좋다쿠모 니도 좋다캤다아이가

살다보모 눈빛만봐도 알게 되는기라

서로를 끌어땡기모 마음이 통하는기라

　　　　　　　　　　　—〈가시버시〉, 전문

〈가시버시〉는 화자가 앞으로 전반적인 경남 토박이말로 작품 활동도 할 수 있음을 예고해 주는 작품처럼 보여 예사로 보아 넘길 수가 없다. 이를 표준어로 직역한 "내가 좋다고하면 너도 좋아했잖아/ 살다보면 눈빛만봐도 알게 되는거야/ 서로를 끌어당기며 마음이 통하는거야"로 한다면 말맛이 확 달라지는 점에 주목할 필요가 있다. '가시버시'는 부부를 친근하게 이르는 말이다. 표준어 〈가시버시〉는 줄 것은 주고 받을 것은 받는 타산적인 부부의 삶을 읊은 느낌이 강한 반면, 토박이말로 된 그것은 그야말로 일심동체로서의 부부상이 느껴지지 않느냐 말이다.

"노인 한 분이 돌아가시면 도서관 하나가 사라진다."라는 말이 있다. 긴 세월 살아오면서 터득한 지혜는 도서관 하나에 가득 찬 책에 기록된 내용과 맞먹는다는 뜻에서 나온 말이다. 그런데 그 노인(인간)의 지혜는 '말(언어)'로써 드러나니, 말이 어찌 소중한 문화유산이 아니겠는가. 그리고 그때의 말은 그 노인이 살았던 지역의 말, 곧 토박이말이니 어떤 종류의 토박이말에도 지혜는 녹아 있는 법이다. 토박이말이 사라진다는 것은 지상의 대부분 도서관이 사라지는 것과 같은 비극(재앙)이라 하지 않을 수 없다. 그래서 모든 말은 인류의 가장 위대한 문화유산이 되는 것이다.

그런 의미에서 김복근 시조인이 보여 준 겡상도 토박이말로 읊조리는 단시조 100선 《천지삐까리》는 대단히 소중한 시조집이 아닐 수 없다. 표준말이 대세를 이루고 있는 우리말 체계에서 토박이말로 한 권의 시조집을 묶어 내는 일은 대단히 용기 있는 작업이다. 그가 보여 준 경남 토박이말 잔치에 다시 한 번 박수를 보내면서 《천지삐까리》에 등장한 작품을 본뜬 시조 한 수로써 이 글을 마무리한다.

지역말꺼정 적을수있다 거룩한님 뜻을잇아

겡상도 토박이말 시조집으로 꽃피우니

말모이 돋아난별빛 묵묵옹손지 수하시네

- 지역말꺼정: 지역말까지
- 거룩한님: 세종대왕. 《훈민정음 해례본》에 지역말까지 적을 수 있음을 보인 예가 있다.
- 말모이 돋아난 별빛: 의령에 국립국어사전박물관이 들어서기를 염원하며 낸, 2022년 의령 한글주간 기념 시집 《말모이로 돋아난 별빛》에서 따온 말
- 묵묵옹: 한시집 《묵목옹집》(2024)의 저자 김기호 지사의 호
- 손지: 손자
- 수하水下: 김복근 시조인의 호

김복근
金卜根
K i m
Bok-geun

- 경남 의령에서 태어남. 아호 수하水下.
- 마산고, 진주교대, 창원대 대학원 졸업(문학박사).
- 1985년《시조문학》천료.
  1997년《월간문학》,《시문학》문학평론 발표.
- 시조집《인과율》(1985, 나라),《비상을 위하여》(1992, 백상),
  《클릭! 텃새 한 마리》(2002, 태학사),《는개, 몸속을 지나가다》
  (2010, 시학),《새들의 생존법칙》(2015, 경남),《비포리 매화》
  (2019, 황금알),《밥 먹고 싶은 사람》(2019, 황금알),《천지삐가
  리》(2019, 경남), 논저《노산시조론》(2008, 경남),《생태주의 시
  조론》(2009, 경남), 평론집《언어의 정수, 그 주술력》(2020, 경
  남),《평화 저 아득한 미로 찾기》(2023, 경남), 동시집《손이 큰
  아이》(2012, 아동문예), 꽤관문집《바람을 안고 살다》(2012, 경
  남), 산문집《별나게 부는 바람》(2019, 황금알), 번역집《김기
  호 시 묵묵옹집》(2024, 경남), 시조에세이집《시조의 진경 톺아
  보기》(2024, 제3의문학), 교육도서《창조하는 힘을 길러주는 방
  법》(1991, 현대교육출판) 등 펴냄.
- 마산시문화상(1993), 한국시조문학상(1998), 성파시조문학상

(2000), 경남시조문학상(2005), 산해원문화상(2008), 경상남도
문화상(2009), 한국문협작가상(2010), 경남아동문학상(2012),
유심작품상(2015), 김달진창원문학상(2015), 국제펜한국본부송
운시조문학상(2015), 경남문학상(2016), 삼봉문학상(2020), 한
국시조시인협회본상(2020), 마산문학상(2020), 남명특별문학상
(2022) 등을 수상.
- 2015 세종도서문학나눔, 2019 아르코문학나눔 우수도서 선정.
- 모범공무원(1990), 대통령 표창(2000), 황조근정훈장(2012) 수훈.
- 의령충혼탑 헌시, 헌사 헌정(2013).
- 경상남도문인협회장, 경남문학관 이사장, 경남시조시인협회
  장, 마산문인협회장, 한국시조시인협회 부이사장, 오늘의시조
  시인회의 부이장, 노산탄신100주년기념사업회장, 창원대 진주
  교대 강사, 경남거제교육지원청 교육장 등 지냄.
- 현재 국립국어사전박물관건립추진위원회 공동대표, 천강문학
  상운영위원회 부위원장, 한국문인협회 · 한국시조시인협회 · 오
  늘의시조시인회의 자문위원, 경상남도문인협회 고문, 《문학인
  신문》 논설위원.

경남대표시인선 · 60

경상도 토박이말로 읊조리는 단시조 100선

천지삐까리

김복근 단시조집

1쇄 펴낸날 2025년 7월 8일
2쇄 펴낸날 2025년 11월 1일

지은이 김 복 근
펴낸이 오 하 룡
펴낸곳 도서출판 경남

주소 창원시 마산합포구 몽고정길 2-1
연락처 (055)245-8818, fax.(055)223-4343
블로그 gnbook.tistory.com
이메일 gnbook@empas.com
등록 제1985-100001호(1985. 5. 6.)
편집팀 오태민 | 심경애 | 구도희

ISBN 979-11-6746-184-1-03810

값 13,000원